AF460912

36.
92.

PÉTRUS JACQUET

GUIGNOL & DALILAH

Parodie en 3 tableaux

PRIX : **50** CENTIMES

AIX-LES-BAINS
APHIE ET LITHOGRAPHIE A. GÉRENTE, RUE DE GENÈVE

1892

Yth.
25837

PÉTRUS JACQUET

GUIGNOL & DALILAH

Parodie en 3 tableaux

PRIX : **50** CENTIMES

AIX-LES-BAINS
TYPOGRAPHIE ET LITHOGRAPHIE A. GÉRENTE, RUE DE GENÈVE

1892

Yth. 25837

GUIGNOL ET DALILAH

Parodie en 3 tableaux

de Pétrus JACQUET

PERSONNAGES

GUIGNOL.	DALILAH.
GNAFFRON.	CORCHEBOEUF.
CADET.	TRINQUEFORT.

Le théâtre représente le boulevard de la Croix-Rousse. C'est la vogue; à gauche, l'emplacement du bal public, élevé sur un petit tremplin; à droite, au 1er plan, un cabaret avec l'enseigne : « Trinquefort, cabaretier. » On voit l'intérieur du bal et du cabaret. La toile de fond représente des baraques de fêtes foraines.

Scène Ire

Au lever du Rideau, Corcheboeuf et ses amis dansent avec les jeunes filles de la Croix-Rousse, conduits par un petit Orchestre composé de deux musiciens, jouant avec des petites trompettes l'air : *Allons aux Brotteaux ma mie Jeanne*, pendant que les Croixroussiens, en dehors du bal, chantent un cœur entourant Gnaffron.

Corcheboeuf — Les Guillotins — Jeunes filles dans le bal. Gnaffron — Croixroussiens sur la place. Trinquefort dans le cabaret.

LES CROIXROUSSIENS (chœur)

(Air : *Au sang qu'un Dieu va répandre*).

Que de choses étonnantes
On peut voir, cré nom de nom!...
Oser prendre nos canantes,
Pour danser un rigodon.
Tous ces gones de la Guille
Ne se gênent pas beaucoup...

GNAFFRON

Ne pensez plus à la fille,
Venez plutôt boire un coup.

(Parlé). — Voyez-vous, enfants, faut pas trop vous trabouler la boussole, parce qu'on a pris vos fenons ; plus tard, vous serez bien contents de ne pas avoir des femmes qui vous crient tout le temps après. Et puis, vous avez à faire à un tas de lurons de la Guioquière avec qui y ferait pas bon se cogner. Je les connais, quand y touchent c'est pas pour rire, surtout Corchebœuf qui les a amenés à notre vogue, il a si tellement l'habitude de son état de boucher, qu'il tape sur le monde comme si c'était des bêtes.

CADET

Mais on fera un tas de cancannages, si nous, les gones du plateau, nous nous laissons désempillés par les toucheurs de bœufs d'un autre quartier.

GNAFFRON

Laissez dire les bavards, c'est pas eux qui reçoivent les atouts. Croyez-moi, les amis, il vaut mieux se chapotter avec une fiole de Beaujolais. C'est pas comme Guignol qui cherche toujours que plaies et bosses.

CADET

Ah! s'il avait été là, c'est pas lui qui se serait laissé pitrogner comme une vieille patte à relaver.

GNAFFRON

Eh bien, appelez-le; il doit être dans quelque coin à licher une chopine.

CADET et les autres

Guignol!... Guignol!...

(Chœur. — Air : *Venez divin Messie*).

Pour venger l'infamie
Qu'on infligea sur notre sol,
Donne signe de vie,
Guignol, Guignol, Guignol!

GNAFFRON chantant

Le voyez-vous, là-bas... là-bas?...

TOUS

Nous ne voyons personne, hélas!

GNAFFRON

Taisez-vous, il ne viendra pas.

(Reprise du chœur).

Pendant ce dernier chœur les danseurs qui s'étaient arrêtés pendant le dialogue, ont repris la danse, accompagnés des musiciens, jouant quelques mesures de quadrille sur l'air d'*Orphée aux Enfers*.

SCÈNE II.

Les mêmes — GUIGNOL

GUIGNOL entrant

Qu'est-ce que vous avez donc, vous autres, à dire la messe? Nous ne sommes pas à Fourvières, mais sur les tapis. Allons plutôt inviter les colombes à une contredanse.

GNAFFRON

Si tu crois qu'elles t'ont attendu pour ça.

GUIGNOL

Qu'est-ce que tu bajafles?

GNAFFRON

Tiens, regarde. les vois-tu se trancanner les guibolles sans toi?

GUIGNOL

Nom d'un de là! qu'est-ce que je reluque! Corchebœuf et les Guillotins qui nous soufflent nos canuses! C'est donc ça que vous chantiez comme des clergeons à vêpres, au lieu de vous revenger... Ah! ça... vous êtes donc tous des capons?

GNAFFRON

Ces enfants ont la favette de se faire taper sur le masque.

GUIGNOL

Allons donc! les canesards de la Croix-Rousse ne craignent pas tous les Corchebœuf de la Guille, quand même ils seraient comme la tour Pitra. Et si vous n'êtes pas des grollus, vous allez faire comme moi en leur tombant sur le casaquin. (Appelant) Hé! père Trinquefort! apportez-nous un paquet de picarlats.

GNAFFRON

Attends, mon petit, je vas te le chercher.

Le marchand de vin paraît à l'appel de son nom, et prend un paquet de petits bâtons qu'il remet à Gnaffron, qui en profite pour se faire servir une bouteille sur le comptoir.

GUIGNOL chantant

(Air *de la Marseillaise*).

En marche, Croixroussiens,
Formons nos bataillons,
Marchons! Marchons!
Et tous en chœur, cognons sur leurs melons!

(Reprise par tous).

GNAFFRON apportant le bâton

Tiens, Guignol, voilà la racine sporcifique de Madelon. Pour te donner du cœur, je vais vider chopine à ta victoire. (Il rentre au cabaret).

GUIGNOL

Merci, Gnaffron, mais pas de blagues, gardes-en une goutte pour moi, pour tout à l'heure. Et, à présent, les enfants, suivez-moi... comme on dit dans *Guimauve Tell*... et vous allez voir le va-te-laver que nous allons donner à ces galavards. (Il s'approche du bal, et sur le seuil interpelle les danseurs) :
Quand vous aurez fini de chahutter chez nous,
Habitants de la Guille et tas de grippe-sous!...
Venir, sous notre nez, prendre ainsi nos canuses,
Est par trop de toupet!... encor les plus chenuses!...
Eh bien, par ma perruque et par mon sarcifis,

J'en aurais plus que vous. Vous serez déconfits
Comme des Philistins, lorsque de son épée,
Samson les transperça. Ma trique est bien trempée
Et s'il vous reste encore une ombre de bon sens,
Allez voir, près d'ici, l'opéra de Saint-Saëns...

CORCHEBŒUF

Ce conseil est de trop.

GUIGNOL

Reçois-le de ma bouche.

CORCHEBŒUF

Moi, je suis Guille, et toi?

GUIGNOL

Moi, du quartier qui touche!

Il frappe Corchebœuf. Combat général. Les danseuses se sont sauvées. Les Croixroussiens sont maitres du champ de bataille. Guignol à force de coups de bâton a terrassé Corchebœuf qui est évanoui la face à terre. Les autres sont en fuite poursuivis par leurs adversaires, de façon que Guignol reste seul. Gnaffron a assisté au combat de la fenêtre du cabaret. Jeu de scène avec Trinquefort qui le tire par en bas pour le faire sortir de la fenêtre ; ce qu'il fait quand il voit que tout est fini et que Guignol est vainqueur. Il sort du café et vient en scène.

SCÈNE III.

GNAFFRON-GUIGNOL-CORCHEBŒUF évanoui

GNAFFRON

Bravo! Guignol!... Ah! comme tu dévides les coups de triques! qui donc que t'as appris à si bien pettafiner ton monde?

GUIGNOL

Ça, c'est un talisman qui m'a été donné par mon parrain sur les fonts de baptiste maux, et, qui est renfermé dans ma perruque.

GNAFFRON

Un secret dans ta tignasse... c'est pas des grenadiers?

GUIGNOL

Oh! ça, c'est pas un secret, gros imbécile.

GNAFFRON

Quoi que c'est donc, alors, petit?

GUIGNOL

Il paraît que cette perruque, mon parrain la tenait de son grand papa qui l'avait achetée au moins septante francs, à un vieux merlan de la rue des Trois-Cornets, qui était juif et descendait en ligne directe de ce fameux lutteur qui s'appelait Samson... et qui avait tant... tant de cheveux que ça lui donnait la force de démolir les casernes de dragons.

GNAFFRON

Il a donc été lutteur à la vogue de la Part-Dieu, qui y a plus de casernes?... il avait de la chance ce Samson d'avoir tant de cheveux... c'est pour ça que je peux pas me battre, moi, j'ai plus rien sur la tête. Alors, cette perruque?...

GUIGNOL

Est un reste de sa chevelure. C'est pourquoi tant qu'elle sera sur ma tête, je serais invincible, par le sens que j'aurai en plus.

GNAFFRON

Eh ben, comme ça, t'as plus de cinq sens.

GUIGNOL

Que t'es donc ganache quand t'as liché.

GNAFFRON

Je sais bien que je serai jamais spirituel, puisque j'ai toujours soif. Dis donc, petit, le gone que t'as écrabouillé est toujours à bouchon, est-ce que par hasard, il serait trépassé pour de bon ?

GUIGNOL

Ah! nom d'un rat, décanillons, avant que les vesons se mettent après lui.

Ils sortent à gauche.

SCÈNE IV.

DALILAH, venant par la droite

Ah! Seigneur de Saint-Polycarpe!... il paraît qu'on m'a estourbi mon pauvre homme, si encore il m'avait donné sa semaine avant. (Elle se heurte au corps de Corchebœuf.) Ah! que c'est bête de jeter ses équevilles au milieu de la rue... non, c'est un paquet de linge sale... mais c'est quelqu'un en viande... est-ce que ce serait mon homme!... Je peux pas le voir, il renifle la terre comme si c'était du fromage fort. Hé! monsieur!... êtes-vous mort ?

(Elle lui donne des bourrades).

CORCHEBŒUF

Qu'est-ce donc qui me chatouille?

DALILAH

C'est moi, mon pauvre Corchebœuf, ta femme fidèle autant que légitime...

CORCHEBŒUF

Dalilah!... je parie que tu as fouillé dans mes poches!

DALILAH

C'est pas la peine, je suis ben sûre qu'il y a plus rien. Mais qui donc que c'est qui t'a arrangé le masque comme une poire blette?

CORCHEBŒUF

C'est Guignol, il tapait comme s'il avait été le battant et moi la facure. J'ai le cottivet tout bourrelé... Je pourrai dire que voilà une vogue où je me serais fait des bosses... Aide-moi à me relever. Dalilah... Aie!... Aie!... Oh! ce Guignol!... je me vengerai...

DALILAH

Tu feras bien, mais comment?

CORCHEBŒUF

Je te dirai ça. Apprends seulement que, comme j'étais couché abasourdi par la tripotée de Guignol, il a cru que j'étais tout-à-fait dans l'autre monde; alors, il s'est pas méfié, et j'ai appris le secret de sa force, qu'il a déblatéré à son ami Gnaffron.

DALILAH

Après!

CORCHEBŒUF

Alors, j'ai manigancé un plan que, toi Dalilah, tu m'aideras à exécuter; et après, je te réponds qu'il trouvera plus de cheveux dans sa soupe que sur sa tête.

(On entend chanter dans la coulisse).

C'est lui qui revient. Entrons chez le père Trinquefort, je te dirais ce qu'il faudra faire.

Ils entrent au cabaret, s'installent à une table et causent bas. Au bout d'un instant, Corchebœuf fait un signe à Trinquefort, qui apporte un tablier de cuisine que Dalilah met sur elle).

SCÈNE V.

Guignol et ses amis entrent en chantant. Guignol donne le bras à deux jeunes filles. (Jeunes gens, jeunes filles, Gnaffron.

(Chœur : air des *Puritains*).

Vogue de la Croix-Rousse,
Pour nous, c'est le temps du plaisir.
Montrez votre frimousse,
Jeunes fenons, venez vous divertir.

GUIGNOL chantant

Canesards du plateau,
Tous en habit de fêtes,
Nous quittons nos banquettes
Qui nous grattaient la peau.
Si le négociant
Nous parle d'un ton rogue,
On dira : c'est la vogue,
Adieu restins, battant.

Reprise du refrain par tout le monde.

GNAFFRON

Dis donc, Guignol, de vous entendre chanter ça me donne soif; si, avant de vous secouer la basane dans le bastringue nous buvions un coup ?

GUIGNOL

C'est épatant ce que t'as de bonnes idées. Allez faire commencer les instruments vous autres, pendant que nous allons commander le picton

(Il frappe à la porte du cabaret. Dalilah paraît).

DALILAH

Que désirent ces messieurs?

GUIGNOL, A PART

Nom d'un de là! la chouette colombe!

GNAFFRON

Nous venons chercher quelques fioles de vin pour les amis qu'attendent là-dedans... Eh ben, viens-tu petit ?... t'as l'air putréfié comme le cheval de bronze.

GUIGNOL

Regarde, Gnaffron, de la Boucle aux Chartreux, as-tu jamais rien vu de si canant que le joli museau de cette fenotte ?...

GNAFFRON

Méfie-toi, vieux; ne fréquente pas les femmes de brasseries, ça te portera malheur!
Viens plutôt avec moi chercher de quoi te rafraichir.

GUIGNOL

Non, vas-y tout seul; laisse moi tailler une bavette avec cette particulière.

GNAFFRON

Méfie-toi !

Gnaffron et le père Trinquefort, pendant la scène qui suit, portent des bouteilles de vin dans le bal. Gnaffron fait boire les deux musiciens, de sorte qu'ils ne jouent pas. Tout le monde boit à l'exemple de Gnaffron, puis ils finissent par s'endormir.

DALILAH

Et vous, monsieur, vous n'entrez pas vous asseoir?

GUIGNOL

Toi, qui semble une reine et qui n'as pas de trône;
Toi, dont les œils si bleus, profonds comme le Rhône,
M'inondent l'estomac de leur brûlant rayon,
O belin si canant, dis-moi ton petit nom ?

DALILAH

Mon nom est Dalilah, mon état canettière;
Le métier n'allant pas, je suis bonne à tout faire.
Si vous avez, Seigneur, le plus petit désir,
Dites-moi donc en quoi je pourrai vous servir !

GNAFFRON, portant des bouteilles

Si elle veut te payer des pommes, n'en mange pas, petit.

GUIGNOL

Alors, viens avec moi, prendre place aux quadrilles;
Le piston nous invite à dégourdir nos quilles.

DALILAH

Comme j'irais bientôt, si j'écoutais mon cœur ?
Mais une fille, hélas, doit garder son honneur.
Puis si j'abandonnais mon patron de la sorte,
Pour sûr il me mettrait en guenille à la porte.

GUIGNOL

Dis flute à ton patron, à son joug rigoureux ;
Seuls avec notre amour, va, nous serons heureux.
Quand on s'aime de bon, on se liche la miaille
En mangeant des grattons et de la cochonnaille.
Quand je verrai ma pièce au bout de son rouleau,
Nous irons à Bonant boire du vin nouveau :
Et sous les aqueducs je te peindrai ma flamme!...
Seulement faudra pas le redire à ma femme ;
Madelon est jalouse et pour fermer son bec,
Il lui faut son café, son arquebuse avec.
Pourtant, foi de Guignol, si tout ça te défrise,
Je m'en vais mettre en plan ma veste et ma chemise,
Mon ouche, mon panaire!... et mon cœur est à toi,
Et jusqu'à mon pucier, je t'en donne ma foi!

DALILAH

Quoi! vous êtes Guignol, ce héros invincible,
Qui, depuis si longtemps trouble mon cœur sensible..
Car avant de vous voir, il vous connaissait bien...
Vous étiez toujours là... je ne faisais plus rien...
Je bousillais ma soie en faisant mes canettes ;
Et j'oubliais les œufs dedans les omelettes ;
Dans ma pâte à beignets je voyais ton nez fin,
Et ta binette était dans chaque mattetin.
Te voilà devant moi, tout semblable à mon rêve...
Sois mon roi, beau Guignol, je te donne la fève!

GNAFFRON sur le seuil du bal

Ne l'ecoute pas; elle te donnera rien.., elle n'a plus de fève.

GUIGNOL sans écouter Gnaffron

Tais-toi, je t'en supplie, ô mon petit bozon!
Si tu ne veux pas voir déguerpir ma raison.
Je sens ma tête enflée autant qu'une citrouille :
Mon cœur bat la chamade et mon ventre gargouille ;
Et, si ça dure encor, certainement je vas
M'escrabouiller de joie et caner dans tes bras!...

DALILAH

Toi, le célèbre gone à la joue écarlate.
Tu pâlis et vieillis comme une vieille patte ?...
Qu'as tu fait du secret qui domptait tous les cœurs !
Qui faisait qu'à la lutte tu n'avais de vainqueurs ?...
Donne-le moi, Guignol, si tu n'en sais que faire...

GUIGNOL

Te donner mon secret mais veux-tu bien te taire !...
Si je perdais, sais-tu, mon petit sarcifis
Comme des chavassons nous serions vite frits ;
Le plateau s'en irait va comme je te pousse ;
La dèche règnerait dans toute la Croix-Rousse.

DALILAH

Ingrat ! ta confiance envers moi se dérobe

GUIGNOL

Non, ne dis pas cela Dalilah, je te gobe !

GNAFFRON dans le bal

Prends garde, Guignol, tu fais des bêtises au lieu d'être raisonnable comme moi.

Il boit.

DALILAH

Si pour moi tu ressens le moindre attachement,
Donne ton sarcifis un tout petit moment :
J'ornerais mon chignon de sa blonde filasse,
Car je n'ai pas beaucoup, tu le vois de tignasse.

GUIGNOL

Si je n'ai plus ce qui me rendait un luron,
Que diront les copains ? que dira Madelon ?

DALILAH

Si ta bourgeoise encor te traboulle la tête,
Quand le bonheur est là ; va, tu n'es qu'une bête !
Ou bien pour m'enjoler tu me montes le cou,

GUIGNOL

Je te le dis cent fois. Je te gobe beaucoup,
Plus que le saucisson, plus que le jeu de boules ;
Plus qu'un coq en délire aime jamais ses poules ;
Plus que le mâconnais qui rougit notre pif.,.
Et pour te bien prouver que mon béguin est vif,
Voilà mon sarcitis et toute ma perruque,
Ils n'auront plus l'honneur de trôner sur ma nuque !
Diras-tu maintenant que t'es pas mon belin ?

DALILAH

Merci, Guignol !... adieu... cours après gros malin !

Elle entre vivement dans le cabaret, dont elle referme la porte.

GUIGNOL

Nom d'un rat ! elle court tout comme une larmise !..

Il va la poursuivre ; dans le temps qu'il cherche à ouvrir la porte, Dalilah paraît à la fenêtre et agitant la perruque de Guignol.

DALILAH

A moi, les Guillotins !...

Les Guillotins paraissent envahissant la scène, Guignol est entré dans le cabaret et se trouve saisi par Corchebœuf, qui sort de derrière le comptoir où il s'était caché, et s'adressant à ses amis qui entrent dans le cabaret :

CORCHEBŒUF

Camaraux, bonne prise !

(On voit le père Triquefort se diriger vers le bal pour réveiller Gnaffron, dans le mouvement qui précède.) Rideau.

2e TABLEAU

La cave du père Trinquefort. La scène est diminuée de moitié, de façon à ménager le changement à vue du 3e tableau. — Guignol est attaché par le milieu du corps à un pilier. Une porte à droite, 2e plan. La toile du fond représente des tonneaux peints. Guignol est assis sur une botte de paille; il est chauve et a un bandeau sur les yeux, imitant une crêpe, il est en train de moudre du café. Au plafond, il doit y avoir une trappe qui s'ouvre à un moment donné. La scène est un peu obscure. — Guignol comptent les tours qu'il fait avec son moulin à café.

GUIGNOL, comptant les tours qu'il fait avec un moulin à café.

Cent-nonante et un, cent-nonante deux, cent-nonante trois... Ils m'ont dit qu'il fallait que je tourne dix fois un million de tours avec ce moulin à café avant qu'ils ne sortent le mattefin qu'il m'ont mis sur les yeux. Faut-il qu'ils soient canailles tout de même ces gones, de boucher l'œil comme ça à un pauvre homme!... ça fait que je sais pas au juste où je suis... ça sent le vin... c'est peut-être une cave, si j'allais être torché par les rats!... j'aime encore mieux les bardannes de ma suspente, ça donnait de l'occupation à Madelon pendant la nuit, ça fait que je pouvais dormir tranquillement, mais ici, pas moyen... j'ai toujours la favette de sentir un rat ou un cafard me monter dans les jambes!... Ah! Guignol! c'est bien ta faute!... si t'avais pas fait des infidélités à Madelon, ça te serait pas arrivé, et, t'aurais encore ta perruque et ton sarcifis!... aussi, à présent que je l'ai perdu, pas de dangers que j'ai des intentions coupables... Allons! il faut tourner la manivelle... Allons, bons!... je me rappelle plus où j'en étais, il faut que je recommence tout... c'est pas facile de compter quand on n'y voit pas clair... un, deux, trois, quatre...

(On entend chanter au-dessus).

CHŒUR par les Guillotins

(Air du *Mort vivant,* de Béranger).

Le prisonnier au fond de son caveau,
A pour dîner du pain noir et de l'eau.
Assis à table, jusqu'à demain matin,
Pour arroser notre joyeux festin,
Ce qu'il nous faut : c'est du vin, c'est du vin!

GUIGNOL

Ils sont tous en train de licher tant qu'ils peuvent là-haut, ces espèces de Philistins... et ils ont l'air de se ficher de moi encore!...

(Il tourne son moulin avec rage. Chœur, même air).

Tourne sans fin, ton moulin, tourne fort!
C'est ton destin, tourne jusqu'à la mort!
De ses cheveux quand on est décoiffé,
On ne craint plus qu'on soit ébouriffé...
Apportez-nous du café... du café!

GUIGNOL

Ah! mais... est-ce qui n'ont pas bientôt fini de me casser la tête?... du café... du café... jamais y boiront tout ce que je vais moudre... Oh! je voudrais que ce soit de la graine de moutarde, au moins, ça les ferait aller autre part. Atchi!... v'là que je m'enrhume avec ma tête nue... j'ai faute de me moucher et j'ai pas de mouchoir parce qu'ils m'ont tout pris... Nom d'un rat! je sens une brise qui me tombe sur la colinquinte, d'où ça vient-il?

(La trappe du plafond s'est ouverte, Gnaffron qu'on ne voit voit pas encore appelle par l'ouverture).

GNAFFRON

Hé! Chignol!...

GUIGNOL

Qu'est-ce c'est que cette voix d'en haut qui m'apelle? Est-ce l'ange Gabriel qui vient me délivrer?

GNAFFRON

Tu réponds pas, Chignol... qu'est-ce que tu grabottes donc, là-bas, dans le fond ?

GUIGNOL

C'est toi, mon vieux Gnaffron ?

GNAFFRON

Mais oui, mon petit, t'entends ben que c'est pas le pape...

GUIGNOL

Eh bien, descends-tu ou si je monte?

GNAFFRON

Attends un peu, je vas faire dégouliner une bâlle avec une corde encordée, tu te mettras dedans et nous te grimperons, moi et le père Trinquefort.

GUIGNOL

Mais je peux pas me bouger, il m'ont ficelé à un trat comme un paquet de couannes.

GNAFFRON

Oh! les gueux!... Alors, il faut que je dégringole dans cette fosse... y a-il au moins des sempotes, y aurait que demi-mal. Attachez bien la corde, père Trinquefort. Hop!... doucement... là!... ça y est!

(On voit descendre le petit panier dans lequel est Gnaffron.

Oh! c'est diablement noir dans ton appartement, si j'avais su, j'aurais apporté mon chelu.

SCÈNE II.

GUIGNOL-GNAFFRON

GUIGNOL

Prends à main droite, tu me trouveras.

GNAFFRON

Dieu! qu'il fait noir!... parle-moi, petit, pour que j'aie pas tant peur.

GUIGNOL

Oh! moi, ça m'est égal... c'est comme si c'était en plein midi, j'ai les yeux bouchés par un cataplasme.

GNAFFRON

Qu'est-ce qu'ils t'ont mis?... un matetin!...

GUIGNOL

Sors-le donc!...

GNAFFRON

Je peux pas, ça tient comme de la pège...

GUIGNOL

Ah! bien sûr qu'il ne s'en ira pas, tant que je n'aurais pas mon talisman...

GNAFFRON

Tu peux pourtant pas toute la vie jouer à cache-tampon...

GUIGNOL

Détache-moi, au moins...

GNAFFRON

Attends, petit, je vas essayer... (il le détache) Là!... ça y est...

GUIGNOL

Ah! que c'est donc bon que de se dégourdir les guibolles! merci, Gnaffron, t'es un vrai zigue, toi!... c'est pas comme les autres qui m'abandonnent à mon malheureux sort.

GNAFFRON

Ah! ben, y a pas de danger qu'ils pensent à toi; ils sont en train de boire, là-haut, les tas d'avenglés!

GUIGNOL

Si y avait moyen d'aller les trouver ces sagoins-là, pour leur dire leurs quatre vérités, et décharger ma rate.

GNAFFRON

Mais oui, mon petit, nous allons monter dans cet ex-censeur, que Trinquefort tirera de toutes ses forces!

GUIGNOL

Alors, conduis-moi tout de suite.

GNAFFRON

Oh! c'est pas bien loin... viens... le voilà. Je vais t'aider... Ah! une!... Ah! deux!... Ah! trois!... saute Mardi-Gras!.. ça y est! Eh! père Trinquefort! tirez : le panier est chargé...

GUIGNOL

O grande Mariette! malgré que tu sois à Fourvières, protège un gone de Pierres-Plantées!

GNAFFRON

T'y fie pas, vieux, monte toujours et tiens-toi bien! tu feras redescendre l'ex-censeur pour moi. (La trappe se referme brusquement et le panier retombe.)

GUIGNOL

Ah! que c'est bête de faire de blagues comme ça! (on frappe à la porte.)

(Chœur. — Air : *de la fortune de Béranger).*

Pan! Pan! Ouvrez la porte,
A quoi bon vous cacher,
Que personne ne sorte.
Nous venons vous chercher.

GUIGNOL

Voilà ces gones qui viennent... attache-moi, Gnaffron, qui s'aperçoivent de rien.

GNAFFRON

C'est fait, toi, reprends ton moulin.

SCÈNE III.

Les mêmes : Corchebœuf — Dalilah — Les Guillotins — (après le chœur et lorsque Guignol est remis en place et que Gnaffron est à côté de lui comme un gardien, la porte s'ouvre et Corchebœuf, ses amis et Dalilah paraissent avec de la lumière. Dalilah est recouverte d'un manteau qui cache le costume qu'elle doit avoir dans le tableau suivant).

CORCHEBŒUF

A travers les gaillots de ces escaliers sombres,
Nous venons te chercher dans le séjour des ombres.
Guignol, pour t'inviter au nocturne repas
Que nous donnons là-haut. Tu ne mangeras pas.

GNAFFRON

Ça ne fait rien pourvu que vous donniez à boire.

CORCHEBŒUF

Quel est cet étranger à la figure si noire?

GNAFFRON

Je suis là, tout exprès, pour constater les tours
Du moulin à café, qu'il tournait à rebours.

DALILAH

Reconnais-tu ma voix, Guignol de la Croix-Rousse?
Privé du sarcifis, ton courage s'émousse!
Invalide et perclus dès lors tu ne peux rien,
Et tu n'as que la honte à présent pour tout bien.
Ainsi doit se punir, la chose est bien certaine,
Tout époux inconstant qui court la pretentaine.

GUIGNOL

Tu viens pour me narguer sirène ou bien démon...
Sexe inventé par nous, comme aux chiens le bocon.
En fait de traits pervers depuis la madame Eve.
La femme a de tout temps su remporter la fève!
Le venin du serpent, la ruse du renard,
La serre du vautour, la dent du léopard,
Sont de bons claquerets, de gros choux à la crême,
Auprès de ces fenons au masque doux et blême.
Comme j'étais bacieux, ce sexe m'a tout pris :
Ma liberté, mon cœur, jusqu'à mon sarcifis;

Si j'avais pas sur l'œil ce farineux emplâtre,
Je dirais, te voyant, va-t-en femme de plâtre!

CORCHEBŒUF

Apaise ta fureur, trop valeureux Guignol;
Guidé par ton ami, monte à notre entre-sol,
Pour être en société de la bande qui beugle.

GNAFFRON

Voilà que maintenant je deviens chien d'aveugle!

(Sortie. — Guignol est conduit par Gnaffron, ils suivent Corchebœuf et Dalilah, les amis portant des torches ferment la marche).

Changement à vue.

3me TABLEAU

(La salle du cabaret de Trinquefort au 1er étage. Elle est brillamment éclairée avec des lanternes vénitiennes, globes de couleurs, lampions, etc., pavoisée de drapeaux attachés à deux mâts à droite et à gauche de la scène, enguirlandés de feuillage, de rubans, etc., au milieu, une grande table élevée sur un praticable avec des marches. Au lever du rideau tout le monde est en scène. Corchebœuf, Dalilah, les Croixroussiens, les Guillotins sont attablés. Gnaffron et Guignol toujours dans le même état qu'au tableau précédent, sont sur le devant de la scène. Guignol est assis sur la première marche.

SCÈNE I.

Tous les personnages de la pièce, moins Trinquefort.

Chœur. — Air : de *Brennus* de Béranger.

Grâce à Guignol, unissons pour toujours,
Toujours } bis
Plaisir, santé, la force et les amours.

DALILAH chantant

Femmes qu'on voit à tout moment.
Devant l'homme courber la tête;
Emparez-vous du petit talisman,
Vous aurez bientôt sa conquête.

(Reprise du refrain en chœur.)

GNAFFRON à GUIGNOL

Elle a la langue bien pendue c'tte trainée... Si t'étais ma bourgeoise. c'est moi qui te regrollerais pour te rabattre le caquet.

DALILAH

Deuxième couplet! (elle chante)

Tyran orgueilleux et jaloux.
Si fier de tous tes avantages;
Tu te mettrais bien vite à nos genoux,
Si la barbe ornait nos visages.

(Reprise du refrain en chœur)

GNAFFRON à GUINOL

Y te blaguent ces pillandrins, mon petit, attends, je vas leur répondre! Troisième couplet!

Fenons, d'avoir le pas sur nous.
Vous auriez, pour sûr, la favette,
Tendres moitiés, si jamais vos époux
Ne portaient plus rien sur la tête.

Reprise du refrain en chœur

CORCHEBŒUF

Bravo! Gnaffron! t'es pas mélancolique; c'est pas comme Guignol qui ne dit rien et qui a l'air d'un corps sans âme, là-bas, dans son coin.

GUIGNOL

Est-ce que vous croyez que je vais parler à ces pillerots, qui m'ont tout démantelé, et ces autres cogne-mous qui les ont laissé faire.

DALILAH

Si tu ne parles pas, chante!

GUIGNOL

Ah! j'ai pas de goût à chanter; je me contente d'accompagner vos complaintes avec mon moulin, et vous payez pas tant seulement à boire...

CORCHEBŒUF

T'as soif? attends un petit peu, on va apporter le saladier; tu goûteras du vin chaud pour te rafraîchir. Hé! père Trinquefort! apportes-nous le brûlot.

(Trinquefort paraît conduisant quatre porteurs de brancard sur lequel est posé une grosse soupière qui est sensé contenir du vin chaud.)

Chœur des porteurs. — Air : de la ronde des *Mousquetaires de la Reine*.

Marchons tous en cadence,
Sans le moindre sursaut,
Il faut s'emplir la panse
Avec la soupe au pot.
Allons bien doucement,
Tout à fait prudemment,
Et portons comme il faut
Le saladier de vin chaud.

GNAFFRON chantant

Tous ces pochards, sans nous, là-haut,
Vont se rincer, se rincer le goulot.

LE CHŒUR

Allons bien doucement,
Tout-à-fait prudemment.
Et portons comme il faut
Le saladier de vin chaud.

(Le petit cortège venu de la porte de droite, passe sur le devant de la scène, gravit les marches et arrive enfin à la table où l'on pose la soupière ; ils s'installent tous, le père Trinquefort reste debout à gauche, attendant les ordres.)

DALILAH

Gones de la Guillotière et de la Croix-Rousse, vous êtes bien pressés de boire, vous ne pensez pas qu'avant nous avons un sacrifice à consommer.

CORCHEBŒUF

Lequel? dépêche-toi, le vin va refroidir.

DALILAH

Il faut détruire par le feu ce fameux talisman; la coqueluche des fillasses et le cauchemar des gones de tous les quartiers d'alentours... enfin, la perruque et le sarcifis de l'accusé Guignol, ici présent.

TOUS (les guillotins)

Oui... oui... au feu le sarcifis!...

GUIGNOL se levant

Vous aurez ce toupet, satanés philistins!
Vous ne savez donc pas, espèces de crétins,
Que tout bon Lyonnais d'avance vous condamne.
Qu'un seul de vous le fasse et comme une bardanne,
Je m'en vais l'applatir, comme autrefois Samson
Escrabouilla le monde à grands coups de plafond!
D'invoquer mon parrain si jamais je m'efforce,

Tremblez, que pour une heure il me donne sa force,
Les murs tombant sur vous feront un tel gâchis,
Que vos corps deviendront des portions de hâchis!
Et vous, les Croixroussiens, tout pareils à Tartuffe,
Vous indignez Gnaffron qui sent rougir sa truffe,
Oui!... des monts Calabrais le féroce bandit;
Le mastroquet du coin qui vous sort le crédit;
Du malheureux Canus, le sale piqueur-d'once;
Une belle maman qui vous appelle Alphonse;
Le gros négociant qui rabat les déchets;
Le proprio qu'on paie et vous renvoie après;
Sont cent fois moins affreux et mille fois plus drôles
Que vous tous réunis, gognants et traîne-grolles!

GNAFFRON

Bien tapé! petit; mettez ce paquet dans votre poche, avec votre mouchoir par dessus.

CORCHEBOEUF à DALILAH

Il serait peut-être capable de le faire comme il le dit?...

DALILAH

Lui!... allons donc!... c'est un faiseur de volume. Père Trinquefort va nous chercher une blotte éclairée... attention!... une, deux, troïs... descendez!

(La perruque descend d'en haut, attachée à un fil, juste au-dessus de la soupière.)

GNAFFRON A TRINQUEFORT

Dis donc, vieux bibace, tu ne vas pas écouter cette fiarde. Tu sais que tous ça c'est un tas de grollus qui te payeront pas leurs consommations.

(Trinquefort fait signe à Gnaffron qu'il peut se rassurer et qu'il a son idée.)

CORCHEBŒUF

Allons, venez patron; c'est vous, que nous chargeons de faire rôtir ce paquet de filasse.

Chœur. — Air : du *Jeune homme empoisonné.*

Le sarcifis va brûler,
Nous allons bien rigoler.
Bouchons-nous le nez
D'peur d'être embo... en co...en nés... emboconés.

(Guignol dans sa colère veut se lancer au hasard, Gnaffron le retient. Trinquefort s'est approché de la perruque au-dessus de la table que Corchebœuf et Dalilah ont quittée ; mais au lieu de mettre le feu à la perruque, il brûle le fil qui la retenait, de sorte qu'elle tombe dans la soupière.)

TOUS

Ah?...

CORCHEBŒUF

Vieille ganache, va, qui met des cheveux dans notre soupe!...

DALILAH

Il faut la revoir à tout prix; que celui qui a les mains propres retrousse ses manches et la repêche!

GNAFFRON à GUIGNOL

Oh! quelle idée, petit! si à nous deux nous pouvions faire dégringoler la table, ça fait qu'ils ne pourrait pas licher le vin, et tu pourrais rattraper ta tignasse. Va d'un côté, moi de l'autre, je crois que les pieds s'igrollent déjà.

GUIGNOL

Ombres d'Arpin, le terrible Savoyard et de Broyas, l'homme à la massue, protégez-nous!

Dans le désordre causé par l'incident de la perruque et pendant que tous s'empressent autour de la table, Guignol et

Gnaffron font des efforts pour la renverser, ils y parviennent enfin. Tout tombe : la table et la soupière dans le fond. Gnaffron profite du désarroi général pour ramasser la perruque qu'il remet à Guignol. Aussitôt qu'il en est couvert la crêpe tombe de ses yeux, il court à Trinquefort lui prend le bâton qu'il avait à la main et s'écrie :)

GUIGNOL

A présent que j'y vois clair, je me fiche de vous à pied et à cheval, quand même vous seriez cinquante!

(Tous les personnages tombent à plat ventre devant Guignol. Trinquefort se démène pour empêcher une bataille.)

GNAFFRON

Guignol! sois grand et généreux comme cet empereur romain qui s'appelait M. Auguste...

GUIGNOL

Je l'ai connu dans un cirque, il avait le nez rouge comme le tien.

GNAFFRON

Fais ça pour le père Trinquefort qui est ben déjà assez à plaindre d'avoir perdu sa marchandise.

GUIGNOL

Tu as raison. Gnaffron, père Trinquefort, vous ne perdrez rien, et la preuve... pour faire voir que je suis plus chouette que vous tous, je paye un second saladier pour tout le monde!

Tous se relevant

Vive Guignol!

GUIGNOL chantant

(Air : *En revenant de la revue*).

Allons, enfants,
Les Croixroussiens charmants,
Vaudront bien de longtemps
La Guillotière,
Que désormais.
Les gones Lyonnais,
Vivent toujours en paix,
Jamais en guerre !

Chœur. — (Air : *l'Impôt sur les célibataires*).

Victoire ! Victoire !
Fraternisons canesards et bistos ;
Guignol est un héros (*bis*)
Surtout s'il paye à boire !

GNAFFRON

Regarde donc, petit. ce public si canant qui nous écoute, toi qui as appris la civilité à l'école mutuelle, tu devrais réciter un compliment.

GUIGNOL

Tiens, c'est vrai, t'as que de bonnes idées aujourd'hui. (Il chante sur l'air du couplet de *l'impôt sur les célibataires*.

Depuis longtemps nous lisons dans l'histoire,
Que deux beaux yeux sont la perdition
Du sexe fort ; mais je ne puis le croire ;
Je fais pour vous une restriction.
Qu'ici demain votre aimable présence,
Démente alors ce vilain préjugé ;
Par vos bravos, je le sens à l'avance,
De mes erreurs je serai corrigé.

(Reprise du chœur)

GUIGNOL

Et maintenant, chevalier de bistanclaque, un quadrille un peu chenu pour finir!

(On danse à la lueur d'une flamme de bengale qui éclaire la scène).

Rideau et fin.

PÉTRUS JACQUET.

Aix-les-Bains, juillet 1892.

www.ingramcontent.com/pod-product-compliance
Ingram Content Group UK Ltd.
Pitfield, Milton Keynes, MK11 3LW, UK
UKHW020216180726
13838UKWH00005B/2025

9 782329 370972